ink

Fuera de este ¡MUNDO

LA TIERRA

Qué bien se está en casa

por Joyce Markovics

Consultora: Dra. Karly M. Pitman
Instituto de Ciencia Planetaria
Tucson, Arizona

BEARPORT
PUBLISHING

New York, New York

Créditos

Cubierta, © NASA; TOC, © NASA; 4–5, © NASA; 6–7, © Wikipedia & NASA; 8–9, © NASA; 10L, © larus/Shutterstock; 10R, © Christopher Wood/Shutterstock; 11L, © Zixian/Shutterstock; 11R, © Betty Shelton/Shutterstock; 12–13, © Willyam Bradberry/Shutterstock; 12B, © CoraMax/Shutterstock; 14–15, © Pal Tervagimov/Shutterstock; 14, © CoraMax/Shutterstock; 16, © Fisherss/Shutterstock; 17, © Mat Hayward/Shutterstock; 18, © Fisherss/Shutterstock; 19, © NASA; 20–21, © Adam Block/NASA/JPL; 23TL, Eniko Balogh/Shutterstock; 23TM, © iStock/Thinkstock; 23TR, © NASA; 23BL, © Wikipedia & NASA; 23BM, © Wikipedia; 23BR, © 113170939; 24, © Fisherss/Shutterstock.

Editor: Kenn Goin
Editora principal: Joyce Tavolacci
Director creativo: Spencer Brinker
Diseñadora: Debrah Kaiser
Editora de fotografía: Michael Win
Editora de español: Queta Fernandez

Library of Congress Cataloging-in-Publication Data

Markovics, Joyce L., author.
 [Earth. Spanish]
 La Tierra : qué bien se está en casa / por Joyce Markovics ; consultora: Dra. Karly M. Pitman, Instituto de Ciencia Planetaria, Tucson, Arizona.
     pages cm. — (Fuera de este mundo)
 Includes bibliographical references and index.
 ISBN 978-1-62724-588-3 (library binding) — ISBN 1-62724-588-X (library binding)
 1. Earth (Planet)—Juvenile literature. I. Title.
 QB631.4.M36418 2015
 525—dc23

2014044221

Para más información, escriba a Bearport Publishing Company, Inc., 45 West 21st Street, Suite 3B, New York, New York 10010. Impreso en los Estados Unidos de América.

10 9 8 7 6 5 4 3 2 1

CONTENIDO

¿Cuál es el único planeta donde viven plantas y animales?

¡LA TIERRA!

La Tierra es el tercer planeta a partir del Sol.

JÚPITER

MARTE

VENUS

TIERRA

MERCURIO

SOL

SATURNO

URANO

NEPTUNO

La Tierra se mueve alrededor del Sol. El viaje demora 365 días o un año.

El calor y la luz del Sol viajan hasta la Tierra.

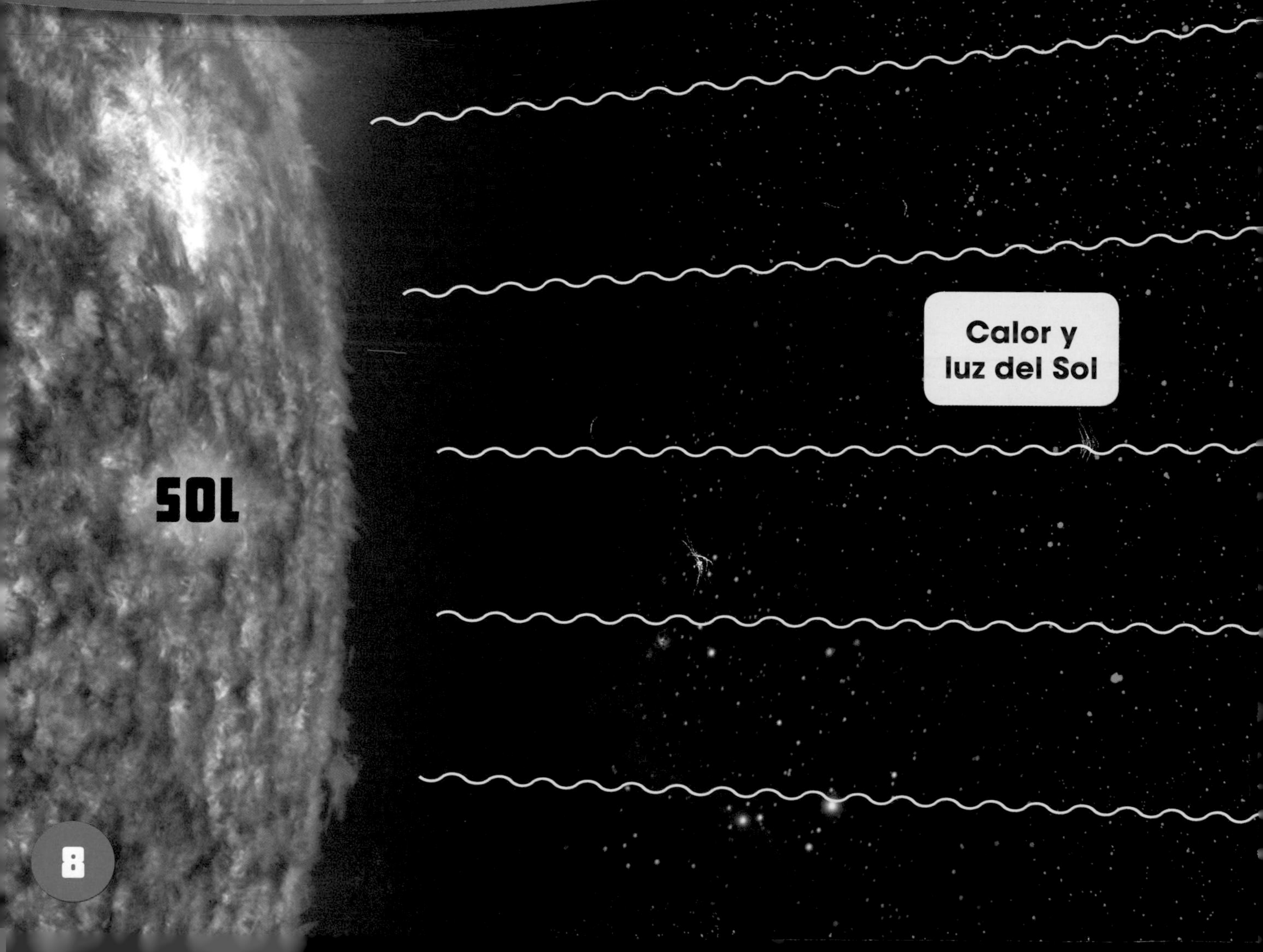

SOL

Calor y luz del Sol

El calor ayuda a calentar el planeta.

9

En la Tierra viven muchos tipos de animales y plantas.

Ellos necesitan la luz y el calor del Sol para vivir y crecer.

Los océanos cubren casi toda la Tierra.

Agua

Ningún otro planeta del sistema solar tiene agua líquida en la superficie.

El resto de la Tierra está cubierto de tierra.

Tierra

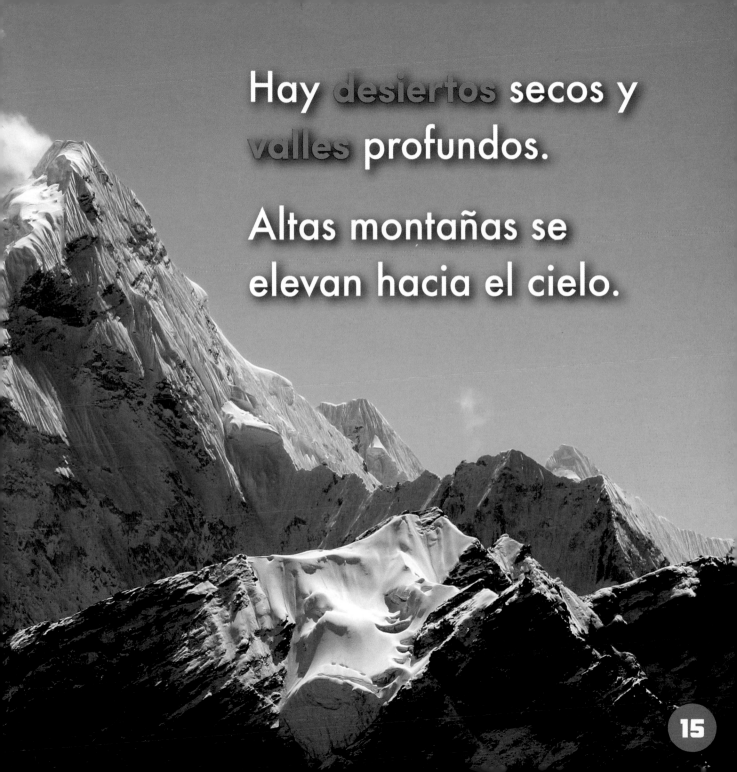

Hay desiertos secos y valles profundos.

Altas montañas se elevan hacia el cielo.

Los animales y las personas respiran oxígeno para vivir.

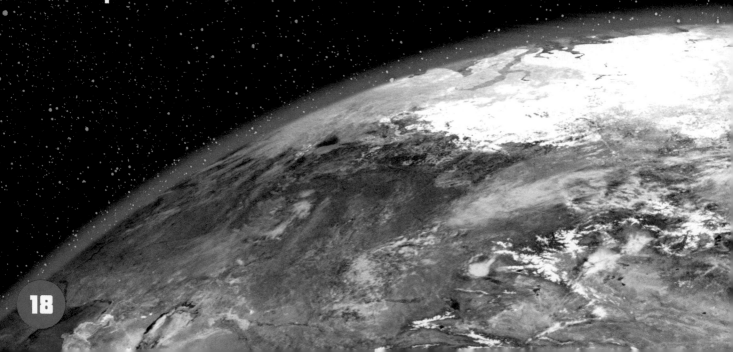

Hasta ahora los científicos no han encontrado formas de vida en otros planetas.

Para buscarlas, los científicos envían **naves espaciales** al espacio.

Un cohete que sale de la Tierra y lleva una nave espacial dentro

19

¡Tal vez un día descubramos vida muy, muy lejos!

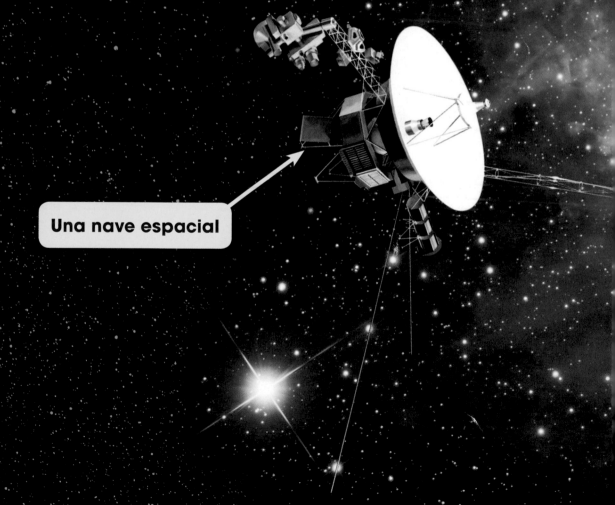

Una nave espacial

DATOS EXTREMOS SOBRE LA TIERRA

EDAD DE LA TIERRA	4,500 millones de años
DISTANCIA DEL SOL	92,956,037 millas (149,597,870 km)
TEMPERATURA MÁS ALTA	134°F (56.7°C)
TEMPERATURA MÁS BAJA	–128.6°F (–89.2°C)
OCÉANO MÁS GRANDE	El océano Pacífico, que cubre 59 millones de millas cuadradas (153 millones de km cuadrados)
ÁRBOL MÁS ALTO	Una secuoya de California, llamada Hyperion, que mide 379 pies (115.5 m) de alto
ANIMAL MÁS GRANDE	Una ballena azul de 100 pies (30 m) de largo

GLOSARIO

desiertos zonas secas donde cae poca lluvia y crecen pocas plantas

gases sustancias que flotan en el aire y que no son líquidos ni sólidos; muchos gases son invisibles

naves espaciales vehículos que pueden viajar en el espacio

oxígeno un gas incoloro que se encuentra en el aire que respiran los animales y los humanos

sistema solar el Sol y todo lo que da vueltas alrededor de él, incluyendo los ocho planetas

valles zonas de tierras bajas entre dos colinas

ÍNDICE

LEE MÁS

Carney, Elizabeth. *Planets (National Geographic Readers).* Washington, DC: National Geographic (2012).

Lawrence, Ellen. *Earth: Our Home in the Solar System (Zoom Into Space).* New York: Ruby Tuesday Books (2014).

APRENDE MÁS EN LÍNEA

Para aprender más sobre la Tierra, visita
www.bearportpublishing.com/OutOfThisWorld

ACERCA DE LA AUTORA

Joyce Markovics ha escrito más de 30 libros para jóvenes lectores. Vive a la orilla del río Hudson, en Tarrytown, Nueva York.